JN058571

保守主義の核心
―「均衡」の知恵

誰にでもわかる憲法のお話別冊

雨倉敏広

保守主義の核心——「均衡」の知恵

はしがき

この書は前書『誰にでもわかる憲法のお話』の中で、もう少し補いたい事柄を四つ選んでまとめたものです。内容は前書と関連しますが、この書だけでも分かると思います。内容については、おおむね次のとおりです。

まず第一の項目では、本書のテーマである「均衡」の知恵を核心とする保守主義について概説します。

次に第二の項目の経済についてですが、日本語で経済という用語は「経世済民」（良い政治を行って人々を生活の苦しみから救うこと）という言葉から作られたものです。ここでは、その言葉どおり経済は誰のためのものかを、憲法の福祉国家の視点から見ていきます。

また第三の項目の軍事については、万々が一軍事力で平和が乱された場合に、いち早く平和を取り戻すにはどんな体制が必要かを見ていこうとするものです。ただし、ここで忘れてならないのは、「全世界の国民が、……平和のうちに生存する権利を有する」(日本国憲法前文)とする憲法の世界平和の理念です。世界の平和が達成されなければ、一国の平和も結局は実現困難だからです。そのために、理念の達成に向けて現実との「均衡」を絶え間なく取り続ける努力が求められます。

さらに第一の項目で述べた「均衡」の知恵を核心とする保守主義と深く関連する日本国憲法の原案であるマッカーサー草案について、第四の項目で一覧することとしました。これら第一と第四の二項目では特に、基本的人権観の違いを再発見されることと思います。

本書は小冊子ですが、憲法をより分かりやすく理解する助けになれば幸いです。

今回の出版に当たっても、東洋出版株式会社の田辺修三社長、秋元麻希編集長及び鈴木浩子編集員の皆様に色々とお世話いただきました。特に秋元編集長には直接の担当として細部にわたり様々ご尽力賜りました。この場をお借りして厚く御礼申し上げます。

令和六（二〇二四）年一月

雨倉敏広

本書の引用文中〔〕内は、私の補筆です。

〔目次〕

一　保守主義の核心――「均衡」の知恵

保守主義の核心は何か

そもそも保守主義とは、政治学者宇野重規先生の言をお借りすれば、「過去から継承してきたものを大事にしつつ、それを必要に合わせて修正していく」考え方です。問題は、その「修正」がどのような原理の下でなされているのかにあります。言い換えれば保守主義の核心は何かです。

この点について、保守主義者と言われる人たちの答えを要約すると、こうです。

保守主義の核心は「平衡感覚」「均衡」「中庸」、あるいは「両極平衡の原理」だ。俗に「保守の知恵」とは、この「均衡」（バランス感覚）のことだ。そして、保守主義も個人の権利・自由とは対立しない。ただし、その権利・自由は社会の人間関係とのバランスの下で行使されるべきものだ。その点で、特に現代世界そして日本にも、政治、経済、法律、社会、文化面などに強い影響を及ぼし続けている「アメリカニズム」とは対極にある。

すなわち保守主義の核心は、「均衡」の知恵です。よって以下では、この「均衡」の知恵をエドマンド・バークによるフランス革命と英国の名誉革命との対比を通して見ていくこととします。

なお、「アメリカニズム」とは、後にお話するグローバル資本主義経済の理論的根拠と言われているものです。経済学者佐伯啓思先生は、欧州とは区別された意味での米国「独特の自由主義、個人主義、デモクラシー、市場競争、技術主義、物質主義などの結合、しかもそれを普遍的な文明の基礎にしようとする指向」をもって「アメリカニズム」と呼んでいます。

保守主義の原点——エドマンド・バーク

保守主義の原点は、十八世紀英国の政治家エドマンド・バークにあるとされます。ただし、彼は保守主義を創設した人ではなく、英国国制の中からそれを発見した人というのが正確な言い方だと思います。その内容は、バークが目の当たりにした一七八九年のフランス革命に関して書かれた彼の著書『フランス革命の省察』（以下、『省察』といいます）に良く表されています。その書の大要となりますが、彼は次のようにフランス革命を批判しています。

フランスの旧制度は確かに数多くの問題を抱えていた。しかし、それでもどうしようもないほど酷いものではなく、改善の手段はあった。英国がしてきたのと同じように、制度の問題箇所を一つずつ解決していけば良かった。

だが急進主義者たちは、参照に値する先人たちの知恵の蓄積をことごとく放り投げ、少数の思想家たちの思い付きを基に制度を作り直そうとしている。こんなことをすれば大混乱を引き起こし、フランスはやがて独裁政治へと向かうだろう。

バークがフランス革命の行く末を見ることはありませんでした。でも、彼の予言は的中しました。フランスはその後、王政→共和政→帝政（独裁）のサイクルを二回りし、三度目の共和政に落ち着くまで八十年以上もの歳月を費やしました。その間、たくさんのフランス国民の血が流れました。

バークは必ずしも革命を全否定していた訳ではありませんでした。でも革命などというものは、その前にあらゆる改革を試みてもどうにもならないときの「最終手段」に限るべきだと考えていました。改革の例としてバークは『省察』の中で、英国の名誉革命について触れています。

名誉革命──権利章典

名誉革命とは一六八八年、英国議会によって行われた事件です。当時の国王ジェームズ二世がそれまでの政治慣行を無視してカトリックによる専制的な政治を行なっていたことに、英国議会は強い危機感を抱きました。そこで議会はジェームズ二世を追放し、彼の長女でプロテスタントのメアリ二世と、その夫でジェームズ二世の姉の息子であるオランダ統督ウィレム三世（のちのウィリアム三世）とを新王にしたのです。

議会は、臣民の権利・自由と王位継承を定めた文書を新王ウィリアム（ウィレム）三世・メアリ二世に奉呈し、両国王の承認を経て一六八九年、権利章典として成立させました。英国立憲君主政の確立です。

権利章典では王位継承について、従来の継承順位からは明らかに外れており、しかも王位継承者はプロテスタントに限るとの限定条件が付けられました。ただし、家系を同じ血統（ステュアート朝）による世襲継承とするとの基本は維持されていました。

そうでもしなければ、追放したジェームズ二世を再び王位に戻すか、でなければ流血によって決着をつけるかの最悪の選択になってしまいかねなかったからです。こうして王位継承ルールは、ステュアート朝の始祖である「ジェームズ一世より発するプロテスタントの家系」と修正されました。

その後、ジェームズ二世の娘で姉メアリ二世の後継として即位したアン女王が亡くなり、ステュアート朝は断絶します。そのため、王位継承法に従ってジェームズ一世の娘エリザベスを祖母とし、その娘ソフィア（アンの崩御前に死去）を母とするドイツのハノーヴァー選帝侯がジョージ一世として王位を受け継ぎました（ハノーヴァー朝の始祖。後、ウィンザー朝と改称して現在に至る。なお、選帝侯とは神聖ローマ帝国皇帝を選ぶ権利を持つ諸候のこと）。

このように、王位継承ルールは、ジェームズ一世の女系の子孫で、かつ外国人を王位につけるというところまで認められるに至りました。そうすることで「ジェームズ一世より発するプロテスタントの家系」という根本を維持したのです。

なお、ジョージ一世は英語が分からなかったため、政治を内閣と議会に委ねました。このことがやがて、議院内閣制の成立へと結び付くこととなりました。

名誉革命が目差したもの

英国は一度、議会をないがしろにする専制的王政を倒して共和政を樹立したことがありました（一六四二年から始まるピューリタン革命）。その後、クロムウェルの独裁を経て一六六〇年、王政に戻りました。でも、今度は王政を廃止して共和政にする道を選びませんでした。それどころか王位継承資格・順位を変えてでも王政を維持する道を選びました。そしてその際、権利章典（憲法）をもって王政を専制政治の君主政から立憲君主政へと変更しました。つまり、国王と議会の関係を一新することなく、両者の重心（平衡点）を議会側に移すことにとどめたのです。

そこまでして王政を続けようとしたのはなぜでしょうか。バークは二つの理由を示唆しています。

一つは、一二一五年のマグナ・カルタそして権利の請願（一六二八年）で、歴代国王との間で拡充・確認してきた英国民にとって「古来の疑う余地のない」権利・自由を、より一層強く守り伝えんがためでした。そのために議会は、その「唯一の保全手段である、古来の政体の国制」を維持しようとしたのです。

もしこれと反対に、王政を廃止して共和政に変えるようなことをしたら、「古来の疑う余地のない」はずの権利・自由も一新されてしまったかもしれません。そのため議会は「軽率な決定」による争い解決の道ではなく、「熟議」を経た「普遍的融和」の道を選んだのです。

もう一つは、共和政にした場合、独裁への移行の心配も無いわけではありませんでした。そしてこのことはすでに先のピューリタン革命で経験済みでした。

独裁は「民主主義の鬼子」と言われるように、政治学者の先生方からも民主政治との親和性が指摘されるところです。近くはドイツのヴァイマール共和政下でナチス独裁政権が成立したことが思い起こされます。

もしそうなったら、国民の権利・自由は風前のともし火となってしまうかもしれません。そうならないように英国議会は「全体を真の王政の重石で抑え込んでおくことで、個々の部分〔国王と議会〕が割り当てられた場所から外れ、飛び出すことがないように」修正的王政（立憲君主政）という穏健な漸進的改革の道を選んだのでした。

英国民の権利・自由――非自然権

では、議会が守ろうとした英国民の権利・自由とは、そもそもどのようなものなのでしょうか。この点について、バークは『省察』の中で大要を次のように述べています。

私たちの権利・自由は祖先から私たちに、そして私たちの子孫へと伝えられるべき私たち英国民の相続財産である。すなわち、生まれながらにして当然に有するというような自然権とは全く関わりがない。そして世襲財産として自分に信託されたものであるがゆえに、先祖が見ているという意識で常日頃から行動することで、やりたい放題や行き過ぎがちな権利・自由の行使にも自制が加わる。かくして先祖の名を汚すような傲慢さが防がれ、その結果、私たちの権利・自由は品位のある立派なものとなるのである。

ところで、この権利・自由観は日本の敗戦直後、連合国軍総司令部の作成した日本国憲法案（いわゆるマッカーサー草案）に継承されることとなります。

保守主義の核心――「均衡」の知恵

哲学者長谷川三千子先生によれば、英国政治の特色は「均衡」にあるとされます。これは外交では特に「勢力均衡」として現れ、国内では国王と議会との「均衡と調和」として現れました。マグナ・カルタもまた、「均衡」の産物でした。そしてその内容は修正されつつ代々の国王によって再確認されていきました。バークが触れた名誉革命もまた、この「均衡」の政治だったのです。

経済学者西部邁先生は、「そうした平衡（均衡）の知恵が、過去の歴史の成功と失敗の積み重ねのなかで、伝統の英知として示されているとみるのがフランス革命に反対したエドマンド・バーク以来の近代保守思想の神髄」と言っています（西部邁『保守の真髄』［講談社、二〇一七年］三九頁～四〇頁）。

その「均衡」を実現するためには、バークも言ったように、その前段階に「熟議」が欠かせません。そのためには過去の経験を参照しつつ今現在の時代・状況に応じて、理想と現実との「均衡」をとるための「議論と決定が休みなくつづけられなければならない」と西部先生は言います。

ただしその場合、議論を言いっぱなしや単なる妥協に終わらせないために、政治学者藤原保信先生は、議論し決定を行う人たちに一つだけ守るべき作法（倫理）を求めています。その倫理とは、これだけ価値観が分裂する現代にあって、今や唯一の倫理と言える「意志疎通的倫理」です（藤原保信『自由主義の再検討』〔岩波書店、一九九三年〕一七九頁〜一八〇頁参照）。その倫理の下で互いに相手の意見を正しく理解し、かつ、その理解を基に、より優れたアイデアを出し合い、討議を尽くすことで誰をも納得し受け入れられる一つの結論（いわゆる文殊の知恵）に導く努力を行うことが求められます。だとすれば、そのような場は議会（国会や地方議会）をおいて外にはないでしょう。

法律も保守

繰り返しになりますが、時代・状況に応じて均衡点の修正をいとわない「均衡」の知恵、これが保守主義の核心です。法哲学者の井上茂先生は端的に、「法律は保守なのだ」と言っていました。民法学者の我妻栄先生は、具体的事件に法律を適用する際には、法律の一般的確実性（公平性、画一性）と事件ごとの具体的妥当性――理念と現実――との両立が必要と述べていました。教育権における教育の中立性について法学者（刑法学）牧野英一先生が述べた「時計の振子」論もそうです（この点については拙著『誰にでもわかる憲法のお話』［東洋出版、二〇一九年］一二二頁～一二四頁参照。以下、「お話」といいます）。憲法の領域で、もう一例挙げれば、三権分立主義も保守主義の原理です。

ただ、ここで一番重要なことは牧野先生が語るように、バランス点という「振子」は右方向にも左方向にも動くが、一定の限度を超えて「振子」を動かしたり（急進）、逆に固定してしまったり（守旧）して、「均衡」の知恵という「時計を壊してしまう」ことをしてはいけない、ということです。

以上の点を頭に置きながら、以下の項目に進みたいと思います。

引用外国語文献

Edmund Burke, *Reflections on the Revolution in France*, Walter Scott Pub. Co., London (1906). なお、半澤孝麿訳、エドマンド・バーク『フランス革命の省察』(みすず書房、一九七八年)から一部字句を引用。

二　グローバル資本主義経済の本質――「破壊された福祉国家」

予言

「グローバル資本主義経済は終わる」。この予言は日本でも、少なくとも一九八〇年代頃には少数の経済学者らによって言われていました。しかしながら、世間でこの予言を信じる人はほとんどいませんでした。人々はそれまでどおりの経済成長を信じて疑わなかったし、今もそうです。でも最近では少しずつ、この予言の同調者が増えつつあるようです。この項目では、予言者の先駆けとも言える先生方の主張に沿って、その中味をお話ししていくこととします。

グローバル資本主義経済の行き着く先

一つ目は、この経済は必然的に貧富の二極化を招くということです。そもそもこの経済は利潤の獲得を目的とする活動です。言い換えれば各自が徹頭徹尾、富を自分に集める競争です。ですから当然、勝者と敗者が出ます。経済学者水野和夫先生によれば、この経済の下で富めることのできる人の定員の上限は、世界の総人口の一五％だそうです。つまり、この経済は始めから、全員を豊かにするシステムではないのです。

かくして国内でも富裕層とその他の層（貧困層）に二極化します。かつて存在した中間層は無くなり、「一億総中流社会」は消滅します。また、国際関係では同じく豊かな先進国（富を集めた国）と大多数の貧困国（富を収奪された国）とに分かれます。この両者の差は必ずしも努力の差というものではなく、また、両者の関係が逆転することはほとんど無いとされます。

二つ目は、地球規模で環境破壊が起きます。ひたすら富を集める競争によって膨大なエネルギー（化石燃料）が使われます。その結果が大気汚染、そしてさらに地球温暖化現象などに現れます。地球温暖化は既に十九世紀第二次産業革命の頃から将来の問題とされていたようです。

三つ目は、この経済を一国家がコントロールすることは、もはや困難だということです。環境破壊もそうですし、タックス・ヘヴンの税金逃れもその一例です。

四つ目は、この経済の成長は、やがて先細りになるということです。その根拠は、地球が土地も人も食糧も資源も何もかも有限だからです。飽くことの無い利潤獲得競争を繰り広げる結果、フロンティアは次第に無くなっていきます。かつて山ほどあった需要も絶え間の無い溢れるばかりの供給競争で次第に満たされ、人々の購買動機は下がっていきます。行き着く終着点はゼロ成長です。そこに人口減少が加わった日本は、その最先進国です。

政府は需要を喚起しようと様々な手を打ちますが、その効果は限定的で、永続的な効果は期待できません。ケインズの時代には成功した需要喚起の政策は、現代では通用しません。なぜなら、もはや喚起すべき需要がかつてのようにはもう残されていないからです。隙間を探してアイデアをひねり出し、利益を積み上げるしかなくなります。

国や企業も、電子空間や宇宙空間など新たなフロンティアを開拓しようとしています。しかしながら電子空間や宇宙空間そのものの中に市場があるわけではありません。結局は金融や娯楽産業、医療などの領域や工業、情報通信事業など既存市場の中に隙間を見出すことに変わりはありません。しかも、今度は宇宙環境の悪化まで心配することになります。

この場合、ＡＩ（人工知能）に将来性を見る向きもありますが、他方で次のような問題も指摘されています。それは、ＡＩの採用で雇用減が生じると、そのことでさらなる需要減となり、景気悪化につながる。ＡＩの採用でどれだけ新しい仕事が増えるかは未知数であり、過大な期待は持てない、というものです。もっとも、ＡＩの採用による雇用減に対しては、国民全員に一律現金給付を行うＢＩ（ベーシックインカム）の救済案も検討されています。でも、これも経済成長あっての案です。

かくしてグローバル資本主義経済には、もう大きな成長は望めず、「定常状態」（ほぼゼロ成長状態）に入りつつある、という予言に至ることになります。

グローバル資本主義経済とは

では、グローバル資本主義経済とはそもそも何かです。グローバル資本主義経済（以下、グローバル経済といいます）とは、資本、貿易、企業、情報などが「グローバリズム」（地球主義）の下で国境を越えて相互依存化する経済の有り様のことです。その中心となるのは資本、とりわけ金融のグローバル化です。もともと金融は実体経済のための手段でした。ところが金融が実体経済を振り回すようになりました。金融経済と実体経済との主客転倒が起きたのです。

そうなった要因は、金融自由化とコンピューター技術の急速な発展・普及にあるとされます。このことによって瞬時に大量の資金が実体経済と直接関わりなく世界の金融市場を自由に移動することができるようになったからです。こうして金融市場は、かつての堅実な長期投資の場から、市場の噂にさえ左右される短期投機の場＝カジノと化しました。そして金融市場のカジノ化は、各国の金融や実体経済にも様々な影響を及ぼすこととなりました。

例えば、富裕層から大量に資金を集めたファンドが、ある日突然特定銘柄の株を大量に買い、他の株主が追随して買うことで値上がりすると、直ちに売って利ざやを稼ぐのが日常茶飯事となりました。そうなると、会社はそんな短期資金を当てにすることはできません。会社も将来の設備投資に当てるなどの資金は必要なので、利ざやを求めて短期売買を繰り返す株主をできるだけ引き留めておくために配当を増やす必要もあります。しかしながら、景気が思わしくない中では新規の設備投資にも踏み切れません。それでその代わりに会社は稼いだ利益を使って自らも金融投資で資金を少しでも増やそうとします（内部留保）。経費は将来に備えてできるだけ節約したいので、利益は従業員の賃金になかなか回せません。でも、ここでもこのような金融市場の動きを国家がコントロールするのはきわめて困難です。

グローバル経済の本質――「資本の反革命」

しかしながら、以上のことは経済のグローバル化の現象の一部であり、グローバル経済の本質を直接示すものではありません。ではグローバル経済の本質は何でしょうか。

水野先生によればグローバル経済の本質は、十九、二十世紀にわたって実質賃金が上がり続けた「労働者の黄金時代」に終止符を打つ「資本の反革命」（「資本による利潤回復運動」＝企業利潤を労働者の側にではなく資本の側に回す行動）にあると言われます（水野和夫『人々はなぜグローバル経済の本質を見誤るのか』［日本経済新聞出版社、二〇一三年］）。そしてこの資本の逆襲を支える理論的根拠が米国由来の思想、佐伯先生によって名付けられた「アメリカニズム」です。では、「アメリカニズム」とは、いったいどのようなものでしょうか。

「アメリカニズム」

古代・中世では財産の取得・蓄積は他人の犠牲を伴うものとして倫理的・宗教的制約がかけられていました。その制約から人々を解放し、財産の私的所有・富の無限の蓄積を正当化したのがロックなどの思想家たちでした。このように、禁欲から快楽への転換によって近代資本主義は始まりました。佐伯先生によれば「アメリカニズム」は、この近代思想の延長線上にあります。先生の語るところを要約してお話すると、次のようです（佐伯啓思『ケインズの予言　幻想のグローバル資本主義（下）』［ＰＨＰ研究所、一九九九年］一七七頁〜一八五頁）。

この思想のルーツは欧州のロックの思想にある。これは「自由な土地における財産主体（労働主体）こそが自由な存在であって、彼らの生命や財産は自然権によって保障されたものであり、絶対的権力といえどもこれを奪うことはできない」というものだ。

ところで、この思想は、あくまで「新興の小ブルジョワジーの利益を代弁するもの」であり、かつ、この自由は「あくまで封建体制と絶対主義支配に対する戦いによって勝ち取られたものだ」とする点に特徴があった。それゆえに、彼らは新たに生じた労働者階級の権利要求に対しても、もう一つの戦い（「防衛的な戦い」）を強いられることになった。ここに自由主義と（議会における）民主主義との敵対関係が生じたのである。

ところが、このロックの思想がアメリカに伝わったとき「奇妙なこと」が生じた。アメリカにはそもそも封建制も絶対主義も存在しなかった。それゆえ自由は階級闘争の結果として獲得されたものではなかった。イギリス本国から渡った入植者たちは最初からほとんど無制約の自由土地所有者だった。イギリス本国との独立戦争も自由獲得の戦いというよりも、すでに獲得していた自由を守る戦いだった。

アメリカにおける土地所有者は小農民でもあり、小資本家でもあった。そして労働者もまた小企業家だった。つまり「小農民も労働者もすべてプチ・ブルジョワジー」だった。この点がイギリスなどヨーロッパとは決定的に違っていたのである。このようにアメリカの自由の観念は、ヨーロッパにおけるような闘争とも階級的利益とも結び付かなかったがゆえに、土地・財産を所有する一人の人間の自由が理念的な「普遍性」の言葉で語られることとなった。

加えてこの自由は階級のものでも共同体のものでもなく「あくまで個人に帰属するもの」であるがゆえに、原則として無制約であり、ただ契約によって定められた最低限のルールの管理だけが政府の仕事となる（小さな政府）。その代わり、自由の代償は個人が負う（「自己責任」）。よって「身を守る権利」（「武装する権利」）がすべての市民に保障される。そしてこのアメリカ的個人の自由が最大限発揮されるのが「財産の獲得を目指す経済競争の世界」においてである。

かくして「資本主義と自由主義と民主主義が結び付いている」独自の「アメリカニズム」が誕生したのです。

対日労働市場改革提言

制限なき個人の自由とその代償としての自己責任、この米国独自の自由の概念が「普遍性」の名をもってグローバル資本主義経済の基本原理となり、前世紀末の日本にも押し寄せてきました。それが経済協力開発機構（ＯＥＣＤ）という国際機関が一九九四年に出した「雇用戦略」とその後に出された対日労働市場改革提言でした。その内容は、まさに「アメリカニズム」を代弁するものでした。それを要約すると、次のとおりです。

日本の終身雇用・年功序列賃金システムは労働者が怠け、技術習得を怠るのに寄与し、労働生産性が低く、また昇進も遅く、有能な人材に低い地位を強いる上に、頻繁な配置転換で適性に合わない仕事を押し付けられることで人材の無駄遣いが生じている。

よって解雇規制を緩和して労働者の排出（解雇・雇い止め）・採用を柔軟に行える労働市場システムに変えるべきだ。

つまり一言で言えば、労働市場の諸々の制限から労働者（労働力商品）を解放せよということです。

「雇用流動化論」

このOECD提言に呼応する形で経営者の団体が「雇用流動化論」なる提言を出しました。その中味は要するに、能力・成果重視の人事処遇が大切で、そのためには適材適所の人材を得る必要がある。よって企業を超えた人材の流動化（転職ないし解雇と採用の自由化）を図るべきだ、というものでした。そしてこの提言に沿う形で、政府は労働法制などの規制緩和政策（「解雇抑制的雇用政策の撤回、労働者派遣事業の規制緩和」など）を構造改革の一環として行いました。

しかしながら「雇用流動化論」を出した経営者側の本音は、労働経済学者石水喜夫先生によれば、「労働者の排出や賃金の抑制を狙ったもの」、つまり「総額人件費の抑制」にあったと評されます。そうだとすると、水野先生の言う「資本の反革命」が日本でも遂に現実のものとなったことになります。

事実、その後の事態は「非正規雇用の増加によって労働者の平均賃金は継続的低下を続け」ることとなりました。その結果は、正規労働者と非正規労働者との所得格差拡大につながりました。特に若年者の失業と不安定就業・低賃金拡大が目立つところとなりました。

業績・成果主義型賃金の導入

このような格差拡大について、当時の政府はそれほど深刻には受け止めていなかったようです。個人の努力で格差は縮まるものと楽観視していたのかもしれません。でも、格差拡大が放っておけないところまで行き着くだろうことは、その後政府が是正のために財政出動などの諸施策に乗り出したことから見ても、明らかでした。

ではなぜ当時の労働者側は、このような制度改革に強く反対しなかったのでしょうか。その一つの原因が「業績・成果主義型賃金の導入」にあったとされます。この点について石水先生は、業績・成果主義にすることによって自分たちの能力が正しく評価され、賃金が上がると思い込んでしまった労働者側の誤解もあったのではないかとして、次のように言っています。

「業績・成果主義は、市場価値に連動させて賃金を決めることに過ぎず、その人の持つ能力を公正、公平に評価するというのとは別問題です。企業側は、長期的な経済停滞のもとで低下する製品やサービスの市場価値に連動させることで、全体として賃金を抑制することを考えていました。このようなもとで業績・成果主義の恩恵を受けられる者がほんの一部に限られるのは当然のことです」（石水喜夫『日本型雇用の真実』〔筑摩書房、二〇一三年〕一三三頁）。

ジョブ型雇用

ジョブ型雇用とは、特定の職務について必要なスキルを持つ人を雇うものです。原則固定給で、その職務が無くなれば基本的には解雇です。

要するにこの職務形態も「雇用流動化論」による非正規雇用で、一定の専門職に限って非正規雇用制度を採用した当初の形態に戻っただけのものに見えます。それゆえ非正規雇用を正規雇用にという方向（所得格差の是正の方向）とは逆の制度となります。その必要性については熟議を尽くす必要があるように思います。

「資本の反革命」による「二極化」――「破壊された福祉国家」

福祉国家とは、貧困をなくし、富のはなはだしい不均衡を是正するために、完全雇用による生活水準の全体的向上を目差す国家、と定義されています。この国家観は二十世紀の新しい人権として連合国軍総司令部作成の憲法草案（いわゆるマッカーサー草案）に具体化され、それを受けた現行憲法に、さらに充実された形で掲げられました。その内容は、経済的自由への強い政策的制約の定めと生存権、労働権などの社会権の定めです。そして、これらの定めは今現在も効力を持つ憲法規範です。

石水先生は、労働市場をめぐって資本の側の要求に沿う形で行われた政府の一連の構造改革により、福祉国家が「破壊された」と言いました。ただ、水野先生も示唆するように、グローバル経済の影響を日本経済が防ぐのは困難だったという事情もありました。

水野先生によれば、グローバル経済の本質は「資本の反革命（資本による利潤回復運動）」でした。そして、「利潤動機を前面に押し出して全世界を覆い尽く」す、このグローバル経済によって、国内では三つの「二極化」現象がもたらされました。第一は個人所得の格差拡大、第二は企業間の格差拡大、そして第三は大都市圏と地方の格差拡大です。

三つの「二極化」

第一は、個人所得の格差拡大（「一億総中流意識」の崩壊）です。

企業は、好景気だったとき引き上げた労働者への賃金が低成長時代になってもなかなか下げられず、それが重荷となっていました。その解消策として、正規社員の賃金を抑え込む一方で、労働法制の改正等によって比較的軽易な仕事を非正規化・低賃金化することとしました。

こうして労働者は次第に貧困化し、「中流階級の没落」が始まりました。収入減は貯蓄減少につながり、生活保護世帯の増加につながり、国の財政悪化へとつながりました。また、世帯の収入減は教育費を重荷とし、その結果子の学力低下へとつながることとなりました。それはやがて将来日本の技術力低下につながることになると指摘されています。さらに、収入減は非婚・少子化を後押しすることとなり、人口減少を助けることとなりました。

しかし、これらのことは資本が抱える構造上の問題（労働者ではなく労働力商品の需給にのみ関心を持つ資本の論理）から生じていることです。ですからたとえ景気が一時回復したとしても、これらの問題が根本的に改善されることはありません。「七割の雇用者は構造的に所得が減少することになる」、したがって個人消費支出も伸びない、と言われています。

第二は、企業間の格差拡大です。

先進国の仲間入りをし、成熟経済——ゼロないし低成長の時代——に入った日本企業も「資本の反革命」の影響にさらされました。この影響に適応できたのは、もっぱら海外経済に依存するグローバル大企業・製造業で、彼らには利潤が集中していきました。

他方、そこから取り残された国内中小企業・非製造業は長期停滞に陥りました。こうして企業間の経済格差拡大が生じました。

第三は、大都市圏と地方の格差拡大です。

企業間格差はグローバル企業が集中する経済圏に入った首都圏・近畿圏・東海圏と、それらから外れた他の地方との間にまで及び、地域間経済格差が拡大することとなりました。

以上の「二極化」（経済格差拡大）は、これらにとどまらず、さらに次のような結果を招くことになると指摘されています。

経済格差拡大は国民の分断を招き、その結果、平等を土台とする民主主義を破壊に導く恐れがある。

また、経済格差拡大が犯罪の増加、治安の悪化や騒乱などの社会不安を招く傾向を助長する。

「成長主義」から「定常化」へ

このお話の最初の、グローバル資本主義経済の行き着く先の四つ目で触れたように、資本主義はフロンティアの飽和点にまで行き着く結果、「定常状態」（ほぼゼロ成長状態）へと入る、かつてのようなめざましい経済成長は、もう望めない、という見立てには見るべきものがあると思います。このことを称して日本も遂にどこかの最貧国と同じになると言う人もいますが、それは違います。「定常状態」とは必ずしも最低生活を意味するものではありません。佐伯先生は「豊かさの中の停滞」と言っています。

ただ「定常状態」も、少し油断すると維持できなくなります。デフレ状態は経済を衰退させていきます。かつてデフレ状態に諦めかけていた日本経済を定常状態にまで引き戻したアベノミクスの功績は大きかったと思います。まして経済成長率プラス一％台なら大々成功でしょう。

しかしながら、これ以上無理をして成長路線を続ければ続けるほど、逆に弊害が大きくなっていくように思われます。この先、さらなる成長が持続的にできるのかどうかは、実は誰にも分からないと言われます。先行きが分からない以上は差し当たり、規制緩和で「自由」の方にいささか傾きすぎたバランスを、必要な規制を加えつつ今少し市場経済本来の「公正」へと戻して、両者の釣り合いを取るのが先決とされます。すなわち、広がりすぎた所得格差の是正です。その上で当面、経済の「定常状態」を維持するために、九〇〇〇万人台が限度とされる人口減少問題や食とエネルギーの自給化や地方の自立循環型経済化、そして早急なプライマリー・バランス（国の基礎的財政収支の均衡）の回復などの諸課題に取り組むべきだと言われています。

このような諸課題を解決する憲法上の根拠は福祉国家原理です。ただしそれは、経済の「成長・拡大」の下にあった二十世紀の福祉国家そのものではなく、誰をも「社会的排除」がされないような現代的修正を経た「脱成長の福祉国家」とも言うべきものです。公共政策学者広井良典先生によれば、実質的には「緑の福祉国家」ないし「持続可能な福祉社会」（「個人の生活保障や分配の公正が実現されつつ、それが資源・環境制約とも両立しながら長期にわたって存続できるような社会」）と同様の概念とされます（広井良典『ポスト

資本主義』〔岩波書店、二〇一五年〕二〇六頁~二〇九頁)。

政治学者の藤原先生は、自然と人間の関係について、自然を「征服の対象」とする近代の「機械論的自然観」から、人間をも自然のうちに包み入れ、人間の営みが自然と「調和しうる」ような「有機体的自然観」への方向転換が求められると言っています。でも、そのような自然観は江戸時代すでに二宮尊徳翁によって説かれていました。翁は、水車を例にとって大要をこう言っています。

「自然と人間」——二宮尊徳の「中庸」

水車がうまく回るのは、その下半分が水流(自然)に従い、上半分は水流(自然)に逆らうことでうまく回るのである。私欲を捨ててしまい、水車を上に引き上げてしまうと水車は回らなくなって生活が成り立たず、反対に私欲に執着して、もっと回してやろうと水車をさらに水中に入れてしまうと、水車は回らなくなるどころか流されてしまい、やはり生活できなくなってしまう。自然に程よく従い、程よく逆らうことで水車は回り、人の役に立つ。これが自然と人の欲望との「中庸」である(『二宮翁夜話」巻之二）。

翁の言う「中庸」とは、最初の項目でお話した「均衡」（バランス感覚）のことです。つまり翁は、自然の資源や環境を人間が利用するのも「均衡」が求められると言っているのです。個人の欲望一筋で突っ走るグローバル資本主義経済が行き詰まりを見せ始め、大規模な環境破壊が起こり始めているのは、翁の言を借りれば、欲望と自然との「均衡」を欠いた（水車を全部水に入れてしまった）結果ということになります。

ここで翁の言う「中庸」は、政治学者服部辨之助先生の言う「調和、総合」、あるいは藤原先生による「相互依存と共生」、さらに広井先生の言う「分かち合い」の社会の実現をめざす「緑の福祉国家」に言い換えることができると思います。

日本とドイツ

日本とドイツは共に第二次世界大戦の敗戦国であり、同じく戦後復興を成し遂げ、そして共に世界に先駆けて「定常化」経済に陥ったと言われます。

しかしながら両国は違う道をたどりました。広井先生によれば、「福祉」と「環境」

の側面から見たとき、日本は米国と同じように格差が大きく、かつ環境面があまり良好ではないのに対し、ドイツは格差が相対的に小さく、かつ環境面が良好な国として評価されていると言われています。

両国の違いはまた、国際関係にも現れています。日本は戦後、いわゆる一国平和主義の立場を取りました。でも、旧ソ連の脅威などもあって結局、米国と軍事同盟を結びました。ドイツは、対旧ソ連に関しては欧州各国と共同する防衛の道を選びました。ＮＡＴＯへの加盟です。

二十一世紀の世界――「帝国の時代」

これまでの米国主導のグローバル経済が終わろうとしているという予言が当たっているとすれば、時代はグローバルから再び「閉じる」方向へと向かうことになります。実際、米国自身が「世界の警察官」役から降り、「アメリカ・ファースト」を唱え、「環太平洋パートナーシップ協定（ＴＰＰ）」から離脱し、移民の流入を抑制するなど、自国の利益を第一に守る姿勢に変わろうとしているようです。

世界は水野先生の言う「帝国の時代」、つまり新興帝国の米、旧帝国の中、露、ＥＵ、そして印を主とする群雄割拠の時代に入ろうとしているように見えます。

そして限られた資源の取り合いが行われる。それが妥協し難い資源（例えば外国の領土）へと向かうと、戦争が起こる。でも、これらの大国相手に今の日本が一国で立ち向かうのは、実力差から見ておそらく困難でしょう。

では日本は、どこと組むのか、これまで外交を通して様々な可能性が模索されてきたように見えます。最近ではＥＵへの加盟あるいはＮＡＴＯへの加盟も選択肢のひとつとして提案されるようになっています。いずれにせよこの問題は今後も絶え間のない議論と決定が繰り返されていくものと思います。

ただ、そうなると日本も世界標準の軍隊（集団的自衛を含む自衛軍）を持たざるをえない状況になります。よってそのための憲法改正をなすべきかどうかが大問題となりますが、ここではその前に、はっきりさせておきたい事柄があります。それを次の項目で考えてみようと思います。

三　軍隊を民主政府に「永久的に従属」させる制度——文民統制

再びオルテガ

先に「お話」（八〇頁～八七頁）で触れたオルテガの平和主義への論説は、こうでした。

主として欧州を戦禍に巻き込んだ第一次世界大戦後、英国が採った平和主義とは、戦争は有害で犯罪・悪徳であり、戦争を無くすには戦争を放棄し、武器もできる限り持たないよう軍縮しようとするものだった。だが、このような平和主義は誤りであり、失敗に終わる。

戦争とは、外交手段ではどうしても解決できない国際紛争を最終的に解決するための究極的紛争解決制度と捉えられる。ゆえに戦争を放棄すれば紛争は未解決のままずっと残されることになる。仮に戦争を否定するのなら、その代わりになる最終的解決手段を示さなければならないはずだ。

もちろん、戦争に代わる代替措置は考案されている。それは、国際裁判所や各種の調停機関、国際連盟だ。だが、このいずれが出す判断も従来からの外交先例の焼直しに過ぎず、法でも何でもないものを法に仮装しただけの相変わらずのものである。

およそ法が成り立つには、物理的強制力が伴わなければならず、かつ、物理的強制力の行使を人々が容認し従う共通の価値観のあることが必要だ。ところが国際間（国家と国家の間）にはいまだそのような共通の価値観はなく、かつ物理的強制力を行使できる超国家機関もない。よって国際間にこの意味での法は存在しない。紛争の勝敗を決めるのは結局、腕力の差ということになる。

大要は以上のような理論で、オルテガは欧州統一問題へと話を進めていきます。

料金受取人払郵便

小石川局承認

6163

差出有効期間
令和6年3月
31日まで

(期間後は切手をおはりください)

郵便はがき

112-8790

105

東京都文京区関口1-23-6
東洋出版 編集部 行

本のご注文はこのはがきをご利用ください

●ご注文の本は、小社が委託する本の宅配会社ブックサービス㈱より、1週間前後でお届けいたします。代金は、お届けの際、下記金額をお支払いください。

お支払い金額=税込価格+手数料305円

●電話やFAXでもご注文を承ります。
電話 03-5261-1004　FAX 03-5261-1002

ご注文の書名	税込価格	冊　数

● 本のお届け先　※下記のご連絡先と異なる場合にご記入ください。

ふりがな
お名前　　お電話番号

ご住所　〒　　－

e-mail　　@

ご記入いただいた個人情報は、お問い合わせへのお返事、ご注文の商品発送、新刊・企画などのご案内以外の目的には使用いたしません。

東洋出版の書籍をご購入いただき、誠にありがとうございます。

今後の出版活動の参考とさせていただきますので、アンケートにご協力いただきますよう、お願い申し上げます。

● この本の書名

● この本は、何でお知りになりましたか？（複数回答可）
1. 書店　2. 新聞広告（　　　　新聞）　3. 書評・記事　4. 人の紹介
5. 図書室・図書館　6. ウェブ・SNS　7. その他（　　　　）

● この本をご購入いただいた理由は何ですか？（複数回答可）
1. テーマ・タイトル　2. 著者　3. 装丁　4. 広告・書評
5. その他（　　　　）

● 本書をお読みになったご感想をお書きください

● 今後読んでみたい書籍のテーマ・分野などありましたらお書きください

ご感想を匿名で書籍のPR等に使用させていただくことがございます。
ご了承いただけない場合は、右の□内に✓をご記入ください。　□許可しない

※メッセージは、著者にお届けいたします。差し支えない範囲で下欄もご記入ください。

●ご職業　1.会社員　2.経営者　3.公務員　4.教育関係者　5.自営業　6.主婦
7.学生　8.アルバイト　9.その他（　　　　）

●お住まいの地域

都道府県　　　　市町村区　男・女　年齢　　　歳

ご協力ありがとうございました。

第二次世界大戦

英国の平和主義は、オルテガの予言どおり失敗しました。欧州は再び戦禍に巻き込まれました。ところが今度の主戦場は欧州だけでなく、広くアジア・太平洋にまで及びました。第二次世界大戦です。しかも、この戦争が終った後も自由主義対社会主義という、互いに価値観を異にした米ソ間を中心とする東西冷戦時代が続きました。でも、ソ連を中心とする東側陣営が崩壊し、世界は自由主義を中心とするグローバルな時代を迎えたかに見えました。しかしながら今、世界は再び「帝国の時代」へと閉じて行くかに見えます。

オルテガの予測は欧州を中心とするものでした。そして欧州統一に限ってはEUという形で一応実現されています。でも、それ以外の世界の状況は第二次世界大戦前と同じです。国際連合も国際連盟と同じ運命をたどりつつあります。

自由主義も世界では今や少数派であることも明らかになってきました。世界共通の価値観はいまだ存在しない。戦争は起こりうる。私たちは、このことを頭に置いておく必要があると思います。

「友好」と「敵対」との「均衡」――保守の知恵

平和憲法の精神から、日本は単独にせよ外国との共同にせよ、第一には外交努力で平和を維持する道をとり続けるのが当然だと思います。「平和主義考」の中でオルテガは、構成国の価値観が必ずしも同じではない英連邦が成り立つポイントについて、「定義を練り上げない」（煮詰めない）ことと「余白と柔軟性」を維持することとの二点を挙げています。

この「練り上げない」と「柔軟性」が英国の法・政治の特徴であるというのは、お互いの価値観の微妙な違いにバランス（均衡）を取るということで、まさに保守の知恵を意味するものです。戦争に代わる決定的な代替措置が見当たらない中で国際間の争いを戦争に至らせないためには、このような外交上の知恵が必要な場合もあるのだと思います。

と同時に、今後の世界情勢を見る限り、戦争の事態も考えておく必要もあると思います。ただ、その場合、過去の過ちを繰り返さないために、どうしても確立しておかなければならない制度があります。それは文民統制です。以下では、この点についてお話ししていきたいと思います。まず、戦争の大家であるクラウゼヴィッツから始めましょう。

クラウゼヴィッツの『戦争論』――戦争に対する政治の優越

カール・フォン・クラウゼヴィッツは、十九世紀プロイセン（後のドイツ）の将校だった人です。彼は晩年、数々の戦争から得た教訓を基に歴史に残る名著とされる『戦争論』を執筆しました。その後、彼の『戦争論』は様々な批判にさらされました。現在もそうです。でも、それでもなお名著として残り続けている理由は、この書が戦争に勝つための単なるハウ・ツー本ではないからです。

当然ながらそもそも戦争をしてはならず、そのために政治は全力を尽くして戦争を避けなければならない。しかしながら、それでも戦争は起こりうる。不幸にもそうなった場合、どうすればよいか。その答えを元防衛大学校教授の川村康之先生が、クラウゼヴィッツに代わって端的に言っています。それは「なるべくすみやかに少ない損害で戦争を終結させなければならない」ということです。

では、そのためにはどうすればよいか。そのポイントをクラウゼヴィッツは政治と戦争の関係の中に見いだしました。彼は、こう言っています（訳文は加藤秀治郎訳『縮約版戦争論』［日本経済新聞出版、二〇二〇年］によります。以下、加藤訳といいます）。「戦争とは他の手段をもってする政治の継続に他ならない」、すなわち「政治的意図こそが目的であり、戦争はその一手段にすぎない」（加藤訳六〇頁）。それゆえに「戦争の重大な事象や軍事計画については純粋に軍事的な判断に委ねられるべきだ、との考えは許されないばかりか、有害でさえある」（同、三七〇頁）。

文民統制

クラウゼヴィッツの語る、その意図について川村先生は、こう言います。戦争をすべて軍人に任せてしまうと「戦争そのものの論理、すなわち戦争に勝利することだけに目を奪われ」、その結果「戦争の規模が際限なく拡大してしまう」。だからクラウゼヴィッツが言うように「戦争を政治の統制下に置くこと」が必要なのだ。そして彼のこの教えが「現代の文民統制（シビリアン・コントロール）の原点」とつながっている。

軍事史学者石津朋之先生によれば、ドイツの軍事史家ハンス・デルブリュックがクラウゼヴィッツの考えを継承して政治（家）による戦争指導を唱え、この考え方がその後、英語圏を中心とする今日の文民政治指導者を頂点とした文民統制（シビリアン・コントロール）の概念へと発展したとされます。

モルトケの反逆と戦前日本——軍事優越

モルトケ（ヘルムート・カール・ベルンハルト・グラーフ・フォン・モルトケ）はプロイセンの軍参謀総長として普墺戦争（一八六六年）、普仏戦争（一八七〇～七一年）を勝利に導きました。

普墺戦争勝利の際、モルトケはオーストリアの首都ウィーン入城を主張したのですが、時の宰相ビスマルクは、これを認めなかったといいます。それどころか領土や賠償金にもこだわらない寛大な条件で講和してしまいました。ビスマルクの意図は、政治の最終目的がドイツ統一であり、そのため次の対仏戦争でオーストリアを敵に回すのを避けようとするところにありました。

しかし、このことがあってからモルトケは普仏戦争中、重要事項を政府に伝えるのを避けるようになったとされます。彼は、軍事への政治の介入を拒んだのです。クラウゼヴィッツとは正反対の軍事優越の考えでした（詳しくは川村康之『60分で名著快読　クラウゼヴィッツ『戦争論』』［日本経済新聞出版社、二〇一四年］二五八頁～二六〇頁参照）。

普墺、普仏戦争中、参謀総長のモルトケには帷幄（いあく）上奏権（参謀総長が政府を通さず直に皇帝に軍事に関する事柄の報告や助言などができる権限）が認められていました。そしてこの権限は一八八三年、法令で制度化されました。こうしてドイツでは、軍事が政治に優越するシステムが整えられました。川村先生によれば、このことが第一次世界大戦でドイツが敗北した一因となったとされます。

そして、この軍事優越のシステムが明治の日本にも導入されたのでした。憲法学者荒邦啓介先生によれば、日本ではすでに明治十一（一八七八）年には参謀本部長に帷幄上奏権が認められていたとされます。この帷幄上奏権が明治二十二（一八八九）年に定められた明治憲法（旧憲法）十一条の統帥権と結び付き、日本でも軍部の独走を政治がコントロールできない体制ができあがったのでした。そうして日本もまた、第二次世界大戦で敗北しました。

開戦前、当時の近衛文麿内閣は、中国からの日本軍の撤兵という条件を受け入れることで米国との戦争を避けようとしました。しかし陸軍が強硬に反対し、近衛内閣を総辞職に追い込みました。その後首相となった陸軍の東条英機の下で対米英開戦が決せられました。近衛は、開戦時のハワイ真珠湾攻撃成功にもかかわらず日本は負けると予言していました。そして日本は彼の予言どおり負けたのです。

戦争を政治の意図に従わせる方法――的確な政治主導

この点について、クラウゼヴィッツは、こう言います。

「戦争を政治の意図に完全に合致させ、また、政治がその手段たる戦争に無理な要求を押しつけたりしてはならない。だとしたら、どうすべきか。政治家と軍人の要素が同一人物の内に兼備されていればよいのだが、そうでない場合、とるべき手段はただ一つしかない。最高司令官を内閣の一員に加えるほかない」(加藤訳三七二頁)。

戦争遂行を政治の意図に完全に合致させる必要があるが、ただ、政治家(首相)が軍事について理解不足のせいで戦争に無理な要求を押し付けたりすると、戦争に悪影響を及ぼす場合が出る。ただし、その理解不足は何らかの方法で補えるとした上で、クラウゼヴィッツは最高司令官を内閣の一員に加えることを提案するのです。

ですから、最高司令官を内閣の一員に加える理由は川村先生が言うとおり、最高司令官に対しあくまで「政治的意図を軍事に反映させられるように」するためです。それゆえこの意味は断じて、クラウゼヴィッツの死後に義弟のブリュール伯爵が『戦争論』修正第二版で示したような「軍人の意見を政治に反映させるべきである」という意味ではありません。

ただし、日本は現行憲法で内閣を構成する大臣の文民（非軍人）要件を定めています。したがって、軍事に関する専門事項は防衛大臣（文民）が担うことになります。

日本の自衛隊──軍隊か

その前に、自衛隊（法）は現行憲法九条（二項前段）に違反して違憲ではないかという疑問に一応答える必要があるかもしれません。

まず現行憲法に、自衛隊は本憲法に違反するとはどこにも書いてありません。ですから、これは条文解釈の問題となります。すると解釈は分かれます。そしてその解釈の答えは簡単です。合憲です（今のところ）。なぜなら、政府が合憲と解釈・判断しているからです。この判断には法的効力が伴います。

唯一合憲・違憲の最終的法令審査権を持つ最高裁判所は、今のところ判断を留保し、主権者たる国民にその判断を委ねています。そして国民は今のところ、自衛隊を合憲とする政権を選挙で支持し続けています。もっとも、憲法学者の先生方の大部分は違憲説のようですが、いずれにせよ私的見解で法的効力はありません。ということで、この疑問はこのくらいにして話を先に進めたいと思います。

現行憲法の文民統制は、旧憲法下で存在したような軍隊を対象とする制度です。では、現行憲法下で設立された自衛隊は軍隊なのでしょうか。結論を先に言うと、自衛隊の任務は確かに軍隊のそれですが、行政組織法上、自衛隊は国の行政機関である防衛省と陸・海・空の実力部隊とが合体した行政組織です。軍隊があるべき分離組織となっていません。つまり法制上、自衛隊は軍隊ではないのです。それゆえ隊員（自衛官）も軍人ではありません。文民統制以前の話です。

このように自衛隊が行政組織の中に位置付けられることによって、自衛隊の活動も行政活動として基本的に行政法規による規律を受けることになりました。こうなったのは、その出自と関わりがあります。自衛隊は戦後しばらくして警察予備隊として始まり、保安隊を経て現在の姿となりました。

軍隊との決定的違い――行政法規適用の有無

軍隊とは、一言で言えば戦争を行う集団です。そしてクラウゼヴィッツによれば、戦争とは、敵にこちらの意志を強制するための実力行使です。そしてそのためには、敵の抵抗力を無力化せねばならず、その結果、互いの実力行使は際限の無いものとなります。

それゆえ軍隊は、敵にこちらの意志を強制するという戦争目的を達成するために次のような存在でなくてはなりません。すなわち軍隊は「どこでも通用する権限を当然にもっていて、軍事的必要に応じて柔軟に対処できるものでなくてはな」らない（色摩力夫『国防と国際法』〔グッドブックス、二〇二一年〕一七二頁）ということです。ただし、色摩先生も付け加えるように、そのような権限は完全自由ではなく、戦時国際法による制限を受けます。

このように軍隊の軍事行動は「原則無制限」「例外的制限」です。この制限方式は、最小限してはならないことを定めているという意味で「ネガティブ・リスト方式」と呼ばれています。これに対して実力行使が行政活動として行政法規の下に立つ自衛隊の行動様式は「原則制限」「例外許容」です。この制限方式は、最小限できることを定めているという意味で「ポジティブ・リスト方式」と呼ばれています。すなわち自衛隊（自衛官）の実力行使（一方的に私人の権利・自由を制限したり奪ったりする行為）には法律の根拠が必要とされるのです（行政法学上の専門用語で言う「侵害留保理論」）。つまり、自衛隊の軍事行動は法律でがんじがらめになっています。でも、できるだけ戦争させないという理念からは、当然と考えられています。

文民統制――軍事システムの大転換

しかしそうなると、日本の領土が万一軍事侵略された場合に防衛発動する自衛隊は、防衛の任務を全うできるのでしょうか。軍事学者マーチン・ファン・クレフェルトは、このようなことを言っています。

「何らかの理由から法律（と法律家）によって両手を後ろで縛られたような軍隊は、自分よりも弱い敵にさえ負ける恐れがある。「必要の前に法律なし」という原則に基づいて行動する後者は、やらなくてはならないと感じたことは何でも自由にやるからだ」（石津朋之監訳・江戸伸禎訳、マーチン・ファン・クレフェルト『新時代「戦争論」』〔原書房、二〇一八年〕二八七頁。以下、石津ほか訳といいます)。

このようにクレフェルトは、戦争に平和時の論理を持ち込んではならないことを指摘していいます。ただし、この文章には続きがあります。

「他方で、軍隊に法を無視して好き勝手にやらせる政治共同体は、野獣の群れと化すに違いない。それはやがて、政治共同体とはもはや呼べないものになってしまうだろう」(同、二八七頁~二八八頁)。

だからこそ軍隊には、軽率な決定をしない賢明な政治指導者による文民統制、すなわち戦争という異常事態においても理念・理性を保ち続ける冷静で的確な政治のコントロールが欠かせません。そして国民自身には、常日頃からそのような政治家を選ぶ努力が求められるでしょう。

すでに「お話」(七七頁~七八頁)で示したとおり、現行憲法の文民統制の定め(六十六条二項の文民条項)は昭和二十一(一九四六)年、帝国議会での憲法改正案審議が大詰めに差し掛かった頃、連合国軍総司令部のアドバイスで加えられたものです。

そもそも文民統制の必要性については米国のスウィンク228にも「軍部が政府に永久的に従属」すべきものとして指示されていました。しかし日本が戦争放棄した以上、この定めは、もはや不要とされていたものでした。ところが、九条二項のいわゆる芦田修正によって日本が将来再軍備する可能性を見越した極東委員会が司令部に対し、この定めを設けるよう強く要請してきた、という事情が背景にあったとされています。

そのような経緯はともかく、この定めによって日本が将来保持するかもしれない国防軍を、戦前のような軍人のための軍隊ではなく、真に国民のための軍隊とすることができるようになりました。でも、今のところこの定めは宝の持ち腐れ状態です。

理念と現実との「均衡」

日本は現行憲法前文で「諸国民の公正と信義に信頼して」戦争はしないと定めました。しかし、もしも「公正と信義」への信頼を裏切る国家が出てきたときどうするかという問題は触れられないままになってしまいました。国際政治学者藤原帰一先生は、A国がB国に軍事侵攻を開始した場合、B国はどうすればよいかという問いを立てて、次のように答えています。

「現実には、この問いの答えは、はっきりしている。反撃だ。いったん侵略が始まってしまえば、B国にとって、A国への屈服を選ぶか、A国と戦うか、どちらかしか選択はない。そして、他国に屈服すれば国民に大きな犠牲を与えることが予想されるだけに、B国にはA国に反撃する以外の選択は残されていないのである。B国が反撃しないとすれば、それは軍事的に対抗することが不可能であり、自滅を覚悟しなければ反撃ができないという状況に限られている。要は侵略されたら戦争が始まるということであって、武力で反撃する正当性を争う人はいるとしても、現実のなかでは選択といえるほどの選択肢も存在しない」(藤原帰一『戦争の条件』〔集英社、二〇一三年〕一三頁)。

侵略されたら反撃しかない、ということです。では、そうせざるを得ないのはなぜか。先生は、こう答えます。

「ここでの問題は、B国にどのような選択があるかではなく、むしろ、なぜB国の選択がひとつに絞られるのかという点にある。その理由は、A国の侵略によってB国が失う具体的な利益、たとえばB国の領土、国民の生命と財産といった利益がきわめて明白である点に求めることができるだろう。A国の侵略は、道義上疑問であるばかりか、B国の利益を明白に侵害している。B国が何もしないで損失を受け入れる可能性が乏しいのは当然だ」（同、一三頁〜一四頁）。

ということですが、では、B国が一丸となって本気で戦わなかったら、どうなるでしょうか。誰か助けてくれるでしょうか。クラウゼヴィッツは、こう言います。

「無邪気で、防御一辺倒の国が、他国に支援されず、没落したケースとしては、〔十八世紀後半の〕ポーランド分割が恰好（かっこう）の例であろう。八百万の人口を有する国家が消滅し、国境を接する三国によって分割されたとき、武力でポーランドを救おうとした国家は、一つとしてなかったのである」（加藤訳、二五七頁。なお、〔〕内は訳者補筆）。

三国とは、プロイセン（後のドイツ）、ロシア、オーストリアです。ポーランド国内のごたごたなどで国が弱体化していったことに乗じて、三国で領土を分けてしまいました。外国の救援を期待しましたが、助けてもらえませんでした。クラウゼヴィッツは、こう続けます。

「その国自身に存立の能力がなく、外部の力でのみ存続を図るというのは、そもそも虫のいい話なのである」（同頁）。

明治の初め、岩倉使節団の一員として欧州に渡った木戸孝允は、かつてポーランド領だった、とある駅で列車の窓の外に物乞いをする民衆の姿を目撃しました。それはまさに、国が滅びるとはこういうことだという光景でした。クレフェルトは、こう言います。

「およそ世の中の出来事で戦争ほど重要なものはない。ひとたび戦争が起きると、国家や政権の存続、個人の生存が左右されることになるからだ。だからこそ、たとえ実際に起きるのは一〇〇年に一度だとしても、我々は日々、戦争への備えを怠ってはならないのである。冷たく硬くなった遺体が横たわり、生き残った人たちが嘆き悲しんでいるとすれば、それはしかるべき立場の人がその備えを十分にできなかったということにほかならない」（石津ほか訳、一二頁）。

平和の理念と世界の現実との「均衡」

外国との「平和」と「現実」のどちらに重心を置くべきか。始めにお話したとおり、それはもちろん「平和」です。そのために、いついかなるときも外交を始め民間も含めた各国間交流を絶やしてはならないと思います。

でも、私たちは外国の元首や政府をコントロールすることはできません。クレフェルトが言うように、万々が一の事態にも用意をしておかなくてはならないでしょう。そしてその用意の中には、絶え間のない議論を経て、やがては正規の軍隊（自衛軍）の設置も入ってくるように予想されます。その際には憲法上、「平和」と「現実」（有事）との

「均衡」を失わせることのないよう政治が主導する文民統制のシステムが効用を発揮することになると思います。

四　マッカーサー草案——保守主義の日本国憲法案

旧憲法の修正・改善案

いわゆるマッカーサー草案（以下、マ草案といいます）とは、「お話」（一四頁以下）で触れたとおり、昭和二十一（一九四六）年二月十三日に連合国軍総司令部が憲法改正案作成の指針として当時の日本政府に示したものです。ここでは、その中味について簡単なスケッチを試みながら、この草案が保守主義の立場に沿うものであったことを確かめてみようと思います。

ところでマ草案は、総司令部の民政局行政部というところで作られましたが、作成メンバーに「憲法の専門家」はいなかったということが言われます。ただ、主要な作成メンバーは軍人と同時に法律実務家や法学者たちでした。つまり、メンバーは英米法の専門家集団でした。

マ草案は「イギリス（連合王国）の不文憲法とアメリカ合衆国憲法とを母法として起草され」ました（木下毅『比較法文化論』［有斐閣、一九九九年］二九二頁参照）。そしてこのマ草案が同年十一月三日公布の日本国憲法（現行憲法）の基となりました。そのとき、この憲法は明治憲法（旧憲法）の改正手続で公布されました。では、マ草案が変えようとした旧憲法は、どのようなものだったのでしょうか。

そもそも旧憲法制定に先立つ明治の初めから、国の統治の形については民間だけでなく、明治政府部内でも、英国などに見られるような「君民共治」が望ましいとする考えが有力でした。それが一転して天皇を主権者（統治権の総攬者）とする憲法となったのは、一つには、西洋流憲法の導入そのものに大反対を唱える元田永孚ら政府部内の有力な守旧派勢力を説得するためでした。

そして明治二十二（一八八九）年に旧憲法が制定された後、伊藤博文を始めとする憲法政治の運用に携わる人々の努力によって、統治の実態は次第に英国流の政治形態へと近付くものとなっていきました。その結果、公法学者美濃部達吉によって、旧憲法は立憲君主政（君民共治）の憲法であり、また、議院内閣制（政党内閣制）も確立した慣習となったと言われるまでになりました。このように、昭和に入り武力クーデターや美濃部学説の公式否定などが行われるまで、旧憲法は基本的に英国モデルに沿って運用されていました。

司令部も、このような日本政治の実態を知っていました。むしろこのような実態が昭和初期以降、いとも簡単に覆されたことを問題視したのです。それは一つには旧憲法の定めが未完成でいまだ不充分なままだったためでした。それゆえ、ポツダム宣言に則って、日本の民主主義的傾向の「復活強化」と権利・自由尊重の「確立」のために、憲法を改めなければならないと考えられたのです。

つまりマ草案は、旧憲法に代わる新憲法というよりもむしろ、旧憲法時代、英国モデルに沿って行われていた政治の実態をさらに助長するために、旧憲法の欠陥を修正・改善しようとするものだったと言うのが、より実態に合うものと思われます。だとすれば、この仕事に英米法の専門家であるスタッフを充てたことは、まさに適材適所の人選だったと言えます。では、彼らは旧憲法をどう修正・改善しようとしたのかを、次に見ていくこととしましょう。まず天皇制度から始めることとします。

天皇制度

マ草案は天皇の地位を象徴と定め、政治権力から切り離す存在としました。この点伊藤博文が作った旧憲法では、天皇を主権者とすることと併せて、不文ではありましたが天皇（皇室）を「国の機軸」（国民を精神的に統合する地位すなわち象徴）としていました。したがってマ草案は、旧憲法の天皇から主権者の地位を剥奪した上で、従前の象徴たる地位を明文化したということになります。このようなマ草案による天皇の地位の修正・変更は、英国流保守主義の手法と言えます。

草案作成スタッフの一人だったベアテ・シロタによれば、スタッフたち民政局員は保守的な人の方が多く、天皇制度を担当したリチャード・プール少尉もそうだったと言います（鈴木昭典『日本国憲法を生んだ密室の九日間』〔創元社、一九九五年〕参照）。そして奇しくもこの変更は、法制史学者石井良助先生が言うように、天皇制度の「不親政の伝統」を維持するものとなりました。要するに、戦前の一時期を除いて天皇の歴史的立場は変わらず、ただ江戸時代までの武士政権から国民政権に代わっただけということです。

天皇制度については、この他に注目する点が二点あります。その一つは、天皇象徴を定めた第一条後段の、その象徴たる地位は国民の「主権意思より承け」るという文言です。この文言をめぐって作成スタッフの間で一時、論議がありました。それは、ここに「主権」という言葉は要らないのではないかというものでした。国民の「主権」は前文にすでに書かれているというのが、その理由でした。その真意は分かりませんが、ただ、英国の君主制度（立憲君主政・君民共治）は国民主権を知らず、主権を言うなら、むしろ「国会主権」を言うべきだと考えていたのかもしれません。

注目する点の二つ目は、皇位の継承資格を旧憲法の「皇男子孫」から「世襲」に広げた点です。英国で幾度か男系が途絶え、女系血統でつないだ経験があったことを踏まえ、日本国の「機軸」を途絶えさせないために、英国の権利章典で定めたのと同じように皇位継承資格を緩めたと理解されます。

国民の権利義務

マ草案の国民の権利・自由の骨格は、次のように十条と十一条の二か条に表されています。

第十条　この憲法が日本国民に保障する基本的人権は、人類の多年にわたる自由獲得の努力の結果である。これらの権利は、多くの時と経験を経る中で過酷な試練に耐え、現在及び将来の国民に対し、侵すことのできない永久の権利として、神聖なる信託をもつて与えられる。

第十一条　この憲法により宣言される自由、権利及び機会〔の均等〕は、国民の絶えざる監視により確保されるものであつて、国民は、その濫用を防ぎ、常にこれを共同の福祉〔共通善〕のために行使する義務を有する。

この二か条は、現行憲法十一条と十二条にそれぞれ定められています。なお、現行憲法の十一条は九十七条の内容を簡略化したもので、本来なら九十七条が同条に置かれるべきでした。なぜそうならなかったのかは、日本側がマ草案十条を単なる「歴史的・芸術的」な文に過ぎないと思ってしまい、マ草案十条と十一条が人権における不可分一体の重要な総則規定であることを見抜けなかったからです。

そのことはともかく、この両条で注目する語を見ていくと、まず十条について、基本的人権は「人類の多年にわたる自由獲得の努力の結果」で、これらの権利は「現在及び将来の国民に対し、侵すことのできない永久の権利として」、「信託」されたという語です。

この意味は要するに、先人たちが、苦労して獲得し守り抜いてきた権利・自由を自分たちに信頼して預けたもので、自分たちも責任をもって後代に渡していく（世襲していく）ものだということです。「信託」というのは、委託者たる先人が信頼して権利・自由を受託者たる自分たちに預けるという意味です。それゆえ、受託者たる自分たちが万一、委託者たる先人の信頼に背くような権利・自由の行使をすれば、義務違反として法的責任が問われることになります。

では、受託者たる自分たちの義務とは何でしょうか。それが次の十一条に掲げられる不断の監視義務、これを濫用しない義務と共同の福祉のために行使する義務です。つまり、この三つの義務を定めた本条は、権利・自由を野放図に行使することによって自分たちの代で失ってしまうことのないように自制せよという意味で、権利・自由への法的制約の根拠規定となっています。

それゆえ、これを単なる道徳的規定と解するのは妥当でないと思います。なぜならその結果、憲法上の法的明文規定なく権利・自由の制限が認められることとなってしまうからです。この点については、当時の憲法改正案審議を行う貴族院特別委員会で、九十七条（マ草案十条）をめぐって松村眞一郎委員が、こう述べています。

信託とは一定の法律的意味を持つ概念で、基本的人権は委託者である先の人類から現在の自分に受託され、さらに受益者たる後世の人類に受け渡されるということだ。だから受託者である現在の自分は、これを「行使する時には自己の一個の考で行使してはならない」。

これに対して金森国務大臣も同意し、基本的人権は「勝手に処分出来ないものだ」と言っています。そして、さらに金森は十二条（マ草案十一条）を、法律的義務を定めたものであり、義務違反の有無は裁判所で判断されることになると言っています（「お話」九一頁〜九二頁参照）。

以上の質疑・答弁から見て取れることは、マ草案の言う基本的人権は、人間として生まれながらに個々人が当然に持つとされる人権とは無関係であるということです。そして以上の点と、日本側担当者にこんなことは法律で書けばよいとまで思わせた詳しい刑事手続規定まで併せ読むと、司令部スタッフが常に権利章典（the Bill of Rights）を意識していたことをうかがい知ることができるように思います。

なお司令部スタッフは、これに加えて当時欧州で最新だった社会福祉や教育、労働などの定めを置きました（マ草案二十四条〜二十六条）。これらの定めは日本側で明確に権利化されることでさらに充実され、現行憲法に定められています。また、これと併せてマ草案は財産権（所有権）について、特に明文で「公共の福祉」による制限（法律の留保）の定めを置きました。このことにより、財産権については政府による広範な政策的制約ができるようになりました。以上の一連の定めは憲法上、資本主義を修正する福祉国家原理の採用を意味するものです。

では、ひるがえって旧憲法の権利・自由の定めはどうだったのでしょうか。この点について、伊藤博文著の『憲法義解』は、こう述べています。

上古では、民は「公民」（おほみたから）として尊重されていた。これが今日の自由（権利義務）の源流である。しかし、中古の武家政権となって以来、これらの自由は不当に奪われていた。それを今回、憲法をもって回復・拡充し、永久に保障することとした。

この物語は、古来伝承されてきた臣民の自由(権利義務)を武士政権から取り戻したとする点で、英国の権利・自由をめぐる歴史的経緯と類似しています。その意味で言えば、マ草案は「人類」という共通項を介して旧憲法の国民の権利義務を改善・拡充したものと見ることもできるように思います。

統治制度――立法と行政

統治制度をどうするかについては、一時司令部スタッフの間で立法府優位の英国の制度と三権抑制均衡の米国の制度とのいずれを採用するかが問題となりました。この点については最終的に、従来の日本の政治実態に近い英国型議院内閣制の方が良いとの結論になりました。この点も、マ草案が保守主義の立場に立つものということが分かります。こうしてマ草案は国会を「国家の権力の最高の機関」(四十条)とし、明文をもって議院内閣制を定めました(三、五、六十一、六十二条)。なお、これに関連して次のような点が議論されたようです。

・行政部及び司法部のいずれにも属しない権限は、立法部たる国会に属する。
・内閣の国会（マ草案では一院制）解散権の行使は、国会の内閣不信任決議による場合に限られる。
・司法部の違憲立法等審査権行使の最終的効力は、人権侵害に関する事件に限られる（その他の事件については、国会の再審に服する）。

ところが日本側は、マ草案の統治制度を米国型三権分立制と捉えてしまいました。そしてその上に、本来「諸権力は分離されていない」（コリン）はずの英国型議院内閣制を置き、さらに国会の「最高の機関」をただの政治的美称と解釈しました。その結果、統治制度はマ草案の意図とは全く違うものになりました。

憲法学者清宮四郎先生は、権力分立においては権限の分離だけでなく、人も分離されねばならない、すなわち同一人が異なる権力の構成員を兼ねることも許されないとし、それゆえ議会の議員が同時に行政府の大臣になることを認める議院内閣制は「権力分立とは相容れない」と指摘していました。

統治制度――法の支配

マ草案はその七十三条で、いわゆる法令等の違憲審査権を定めています。この定めは一部修正の上で現行憲法八十一条となっています。この権限は、裁判所が具体的事件（国民の権利義務をめぐる争い）を扱う中で行使することが想定されたもので、日本側でもそのように運用されることとなりました（これを専門用語で付随的違憲審査制といいます）。もともとこの制度は米国の判例で認められたもので、草案作成スタッフによってマ草案に取り入れられ、現行憲法に定められました。

この権限の根拠について、帝国憲法改正案を審議した貴族院特別委員会で改正案第十章の「最高法規」をめぐり、高柳賢三委員が次のように語っています。

高柳委員によれば、「最高法規」とは遡ること英国マグナ・カルタの「ロー・オブ・ザ・ランド」に由来するもので、多数専制・力の政治である民主主義に、法による秩序をもたらす最重要要素であり、したがって「ロー・オブ・ザ・ランド」の原理によって示される法の支配の原則は民主政治にとって不可欠なものとされます。そして委員は続けて、このマグナ・カルタの原理が米国に入って違憲立法審査権に制度化され、さらにこの憲法改正案で民主政治にとって永久不磨の一つの人類的な原理となったと言います。要するに、英国由来の法の支配が違憲立法審査権制度の根拠ということです。

では、法の支配に言う法とはそもそも何かですが、これはコモン・ロー（共通的一般慣習法）、政治学者中川八洋先生の指摘するところによって言い換えれば、「古き良き法」（altes gutes Recht）のことです。そして、この法は、議会で定められた法律よりも上位にあり、この法に反する法律は無効（一般的に無効となるのか、それともその事件限りで無効となるのかは別として）とされます。つまり、「悪法は法ではない」ということです。

なお、この「古き良き法」にドイツ語を引きましたが、実は欧州にも中世には法の支配がありました。『中世の法と国制』という書物の中でフリッツ・ケルンは、「中世は人民主権教理の治世を知らない。君主は誰の臣下でもない。だが彼は法の臣下なのである」と言っています。

けれども欧州ではその後、法の支配は法治主義（議会の定める法律の支配）理論に取って代わられ、「古き良き法」（一般慣習法）は法律を補充する従属的な役割へと追いやられていきました。

ただ、この法治主義（形式的法治主義）では、法律の中味までは問われなかったために、いわゆる「悪法といえども法」として通用してしまう事態が生まれました。そしてこの点を悪用したのがナチス・ドイツでした。それゆえ第二次世界大戦後、この反省から法律の中味にも注意が払われるようになりました（これを実質的法治主義といいます）。その点では法治主義も法の支配と似たものとなったと言えます。ただし、その根拠は「理性」に基づくいわゆる新自然法論というもので、伝統的法の支配の「古き良き法」という歴史に根ざした根拠とは違うものです。

日本の旧憲法も、法律の中味を問わない欧州流の形式的法治主義によって国民の権利・自由を制約していたため、時に度を超した権利・自由の侵害が行われてしまいました。マ草案作成スタッフは、この点を改めようとしたのです。そして法の支配は、先の高柳先生や伊藤正己先生ら多くの憲法学者・法曹関係者によって、現行憲法に定着することとなりました。

法の「発見」

法の支配の法である「古き良き法」は個々の法律の条文からも拾う事ができます（例

えば、民法七〇八条の不法原因給付規定から「クリーンハンド（清い手）の原則」を導き出すなど）。広い法知見を持つ裁判官たちは、様々な法現象の中から一定の法原則を引き出します。そしてその内容は判決書（判決理由）に示されます（そのうち重要なものが最高裁判所発行の判例集に判例として登載されます）。

もっとも、この法も時代や状況の変化に伴って一定の改革ないし変更や修正を避けられません。しかしながら、このことは「古き良き法」（先例）の「再興」あるいは「修復」と捉えられます。

では、この「古き良き法」にとって想定外の新しい事態（事件）が起きたときは、どうなるのでしょうか。この点について、ケルンは、こう言っています。

「新しい法律事件が生じ、それに対して従来の法が援用できないときは、法曹、なかんずく裁判官たちにより、次のような意識をもって新たな法が作り出される。その意識とは、その法もまた古き良き法だ、確かに、明確には過去から受け継がれた法ではないが、しかし埋もれたままで存在していた法だ、というものである。それゆえ彼らは法を〈制定する〉のではなく、それを〈発見する〉のである。」

日本の裁判で見れば、国会議員の選挙に関する事件で裁判所が「発見」した「一票の価値の平等原則」が、これに当たると思います。

英国国制と日本国制

法の支配が欧州大陸と異なり英国に残ったのは、同国の国制と関わりがあるとされます。哲学者の長谷川先生は、英国国制の特色は「王権と土着の慣習法」との間の「均衡」にあると言っています。この、王といえども従わねばならない「土着の慣習法」（コモン・ロー）の根源は、法文化学者木下毅先生によれば、共同社会の中で歴史的に形成されてきた「関係」性にあるとされます。そしてこの「関係」性がキリスト教（プロテスタンティズム）由来の強い個人主義観念を和らげることになったとされます。

歴史学者尾藤正英先生によれば、日本の伝統的社会にも、「個人を尊重し、個人としての自己を活かそうとする考え方は、明確に存在していた」と同時に「人間関係を大事にし」、その中で個を発揮するというのが社会の特色であったとされます。このような個の尊重と個を取り巻く人間関係との「均衡」という、英国と日本との国制上の共通性が、日本にも法の支配の観念が定着した少なくとも一つの理由となるように思います。

「法の支配への法治主義の侵食」——法の支配の「修正」

先に、欧州では法の支配は法治主義に取って代わられたとお話しましたが、実はこの傾向は英米でも同じです。いわゆる「法の支配への法治主義の侵食」と言われる現象です。

その原因は、資本主義の発展に伴う社会の大規模・複雑・専門化にありました。この事態に対処するために、政治部門、特に行政部門に法律による広範な裁量権（自由裁量）が認められるようになりました。その一つの契機となったのは、マ草案にも加えられたように、福祉国家原理の導入にあるとされています。福祉国家（社会国家）は従来の自由国家とは逆に、国民生活への公権力の積極介入をめざす国家だったからです。

司法は、具体的事件に法律を適用して適法か違法かを判断するのが仕事です。ですから法律が認めた範囲の裁量行為が妥当か不当かの判断はできず、ここには裁判所は介入できません。その代わりに政治部門に準司法的判断権限（行政裁判所的機能）が認められることとなりました。

これに対して司法の側では、政治部門の裁量行為が法律の許す範囲を超えているか、又は超えていなくとも法律の趣旨に反して権限を濫用していないかを審査したり、また、手続が法律の定める適正なやり方だったかなどの審理を通して、その範囲で憲法に定められた国民の権利・自由を守ることとなりました。このようにして法の支配の適用範囲の「修正」が行われました。

そして結局のところ、この問題は政治部門と司法部門（司法権独立）との間の権限のバランスをどう取るかという権力分立の観点に「帰着」するとされています。それゆえ「均衡」を核心とする保守主義の出番となります。

マ草案――保守主義の憲法案

以上のマ草案に関する事柄を振り返ると、次のとおりです。

この項目の最初でお話したように、旧憲法は君主国体を死守しようとする有力守旧派と民選議会の設置による西欧流立憲政治（君民共治）の導入をめざす政府立憲派との妥協の産物でした。つまり旧憲法は、一方で制限なき天皇主権と他方でその権力を制限する立憲政治との間の矛盾をはらむ「均衡」の上に成立したものだったのです。

ところが時代が昭和に入ると、立憲政治を敵視する軍部らの勢力によってこの「均衡」が崩され、その結果政治は、天皇主権を前面に押し出した軍部主導の無謀な戦争協力体制へと組み込まれていくこととなりました。

戦後、司令部の作成したマ草案は、旧憲法による「国の機軸」という天皇制度の機能を維持しつつ、立憲政治の「復活強化」を意図して作られたものでした。その意味で言えばマ草案は、旧憲法の基本構造であった天皇制度と立憲政治との関係を一新することなく、両者の重心（平衡点）を立憲政治の側に移すことにとどめた保守主義の憲法案だったと見ることができると思います。

引用外国語文献など

P.H.Collin, *Dictionary of Government and Politics*, Peter Collin Publishing, Middlesex, 1988. 関連として、加藤秀治郎『日本の統治システムと選挙制度の改革』（一藝社、二〇一三年）二六頁〜二七頁。

Fritz Kern, *Recht und Verfassung im Mittelalter*, Wissenschaftliche Buchgesellschaft, Darmstadt, 1965.
なお訳書として、世良晃志郎訳、フリッツ・ケルン『中世の法と国制』(創文社、一九六八年)。

参考図書

一　保守主義の核心——「均衡」の知恵

佐藤健志編訳、エドマンド・バーク『［新訳］フランス革命の省察「保守主義の父」かく語りき』（PHP研究所、二〇一一年）。

翻訳書は他にもいくつか出ていますが、この書は原書を編訳したもので、読みやすいと思います。

二　グローバル資本主義経済の本質——「破壊された福祉国家」

水野和夫『閉じてゆく帝国と逆説の21世紀経済』（集英社、二〇一七年）。

グローバル資本主義経済の問題点を指摘する書は多数出ていますが、とりあえず一冊でてっとり早く概要をつかむなら、この書が適当と思います。

三　軍隊を民主政府に「永久的に従属」させる制度——文民統制

加藤秀治郎編訳『クラウゼヴィッツ語録——『戦争論』のエッセンス——』（一藝社、二〇一七年）

川村康之『60分で名著快読　クラウゼヴィッツ『戦争論』』（日本経済新聞出版社、二〇一四年）

この両書の併読が良いと思います。

なお、オルテガの「平和主義考」について、新訳が出ています。佐々木孝訳、オルテガ・イ・ガセット『大衆の反逆』（岩波書店、二〇二〇年）三二一頁以下「イギリス人のためのエピローグ」に所収。

オルテガの「Gasset」は、通例「ガセット」と読まれますが、他にも色々の読み方があるようです。色摩力夫先生は、「ホセ・オルテガ・イ・ガセ」と読んでいます。

四　マッカーサー草案——保守主義の日本国憲法案

鈴木昭典『日本国憲法を生んだ密室の九日間』（KADOKAWA、二〇一四年）。文庫版です。

［著者］
雨倉 敏広（あめくら・としひろ）

昭和23（1948）年、奈良市生まれ
東洋大学大学院法学研究科博士後期課程修了
博士（法学）、国制史家
著書『誰にでもわかる憲法のお話』（東洋出版、2019年）
『明治国制史』（一藝社、2021年）

保守主義の核心——「均衡」の知恵
誰にでもわかる憲法のお話別冊

発行日　2024年4月11日　第1刷発行

著者　雨倉敏広（あめくら・としひろ）

発行者　田辺修三

発行所　東洋出版株式会社
〒112-0014　東京都文京区関口1-23-6
電話　03-5261-1004（代）
振替　00110-2-175030
http://www.toyo-shuppan.com/

許可なく複製転載すること、または部分的にもコピーすることを禁じます。
乱丁・落丁の場合は、ご面倒ですが、小社までご送付下さい。
送料小社負担にてお取り替えいたします。

© Toshihiro Amekura 2024 Printed in Japan
ISBN 978-4-8096-8704-4　定価はカバーに表示してあります